ANNE

TIM

Das sind Tim und Anne. Sie leben mit ihren Eltern in einer kleinen Stadt und gehen dort in den Kindergarten. Du kannst die beiden auf jedem Bild entdecken – und noch eine ganze Menge mehr. Viel Spaß!

Der Umwelt zuliebe ist dieses Buch
auf chlorfrei gebleichtem Papier gedruckt.

ISBN 978-3-7855-7235-1
2. Auflage 2011
© für diese Ausgabe 2010
Inhalte aus Einzelausgaben der Reihe
Was machen wir...?
© 1998-2001 Loewe Verlag GmbH, Bindlach
Umschlagillustration: Lila L. Leiber
Umschlaggestaltung: Claudia Lorenz
Printed in Slovenia (033)

www.loewe-verlag.de

Lila L. Leiber

Meine erste Wimmelwelt

Papa bringt Anne und Tim in den Kindergarten. Tim winkt schon von Weitem seinem Freund David zu. Der wurde heute von seinem Opa mit dem Auto hergebracht. Und wen hat Anne entdeckt?

Im Kindergarten begrüßt Anne zuerst ihre beste Freundin Claudia. Tim verabschiedet sich von Papa. Sein bester Freund David hat heimlich seine Maus mitgebracht. O Schreck, sie ist entwischt! Wo steckt sie nur?

Im Gruppenraum kann man toll spielen. Boris ist Kapitän auf dem Piratenschiff. Anne spielt Ärztin. Da kommt schon wieder ein neuer Patient. Tatütata!

Wenn die Sonne lacht, spielen alle am liebsten draußen im Garten. Tim und David stürmen sofort zur Kinderseilbahn. Pass auf, Anne! Mach die Rutschbahn frei, sonst bekommst du einen Schubs!

Nach dem Essen werden die Zähne geputzt. Anne schrubbt schon eifrig, Tim isst noch seine Nudeln auf. Nanu, was macht David im Putzraum? Hurra, er hat seine Maus entdeckt!

Am Nachmittag üben manche Kinder ein tolles Märchenspiel ein. Die anderen Kinder turnen inzwischen. Carola kann schon ganz allein Handstand machen. Anne versucht sich als Schlangenbeschwörerin.

Anne feiert am nächsten Tag ihren Geburtstag. Es gibt leckeren Kuchen. Ob er dem Kasper auch so gut schmeckt? Philipp hat genug gefeiert, er baut lieber eine Burg.

Mama braucht Eier
und Blumen vom Markt
und möchte Obst kaufen.
Tim und Anne lieben den Markt.
Es gibt so viel zu entdecken.
Plötzlich kippt eine Kiste Äpfel um.
So ein Durcheinander!

Dann geht es noch ins Kaufhaus.
Dort treffen sie Papa und Opa.
Mama braucht neue Schuhe und
Papa schaut sich mit Tim ein
tolles rotes Fahrrad an.

An der großen Kreuzung treffen sie Mama und Papa. Hier ist eine Menge los: Ein Bauarbeiter schimpft laut, ein Hund bellt und ein Autofahrer hupt, weil ein Mann bei Rot über die Straße rennt.

Zuerst geht es auf den Reiterhof. Anne darf das kleine Pony füttern. Vorsicht, Tim kommt auf seinem Fahrrad angesaust! Mama ruht sich aus und Papa schaut dem Hufschmied zu.

Zur Erfrischung geht es später an den Badesee. Tim benutzt den Baum als Sprungbrett. Das gibt einen ordentlichen Platsch! Anne braucht noch Schwimmflügel zum Baden.

Nach einem langen Spaziergang kühlt Mama ihre Füße im Bach. Anne ist noch gar nicht müde, sie möchte noch ein paar Pilze suchen. Tim spielt gerade Torero. Puh, was stinkt denn da so? Oje, Papa ist in einen Kuhfladen getreten.

Auf dem Bauernhof im nächsten Ort möchte Mama gerne Gemüse kaufen. Anne findet die kleinen Kätzchen viel spannender. Hoffentlich ist Papa schwindelfrei – was hat er denn nur da auf dem Dach vor?

Am Wochenende geht es in die Berge. Gerade ist Almabtrieb. So viele Kühe! Mama und Anne nehmen die Seilbahn. Papa und Tim haben sich Wanderstöcke geschnitzt und wollen lieber laufen.

Am Abend gibt es eine Zirkusvorstellung. Tim ist so gespannt auf die wilden Raubtiere, dass er sich schon voher die Löwen anschaut. Der Zauberer sucht verzweifelt sein Kaninchen.

Heute ist ein schöner, sonniger Tag! Mama und Anne sitzen auf der Picknickdecke und warten dort auf Opa. Papa und Tim sind schon mal auf den Turm der Burg geklettert.

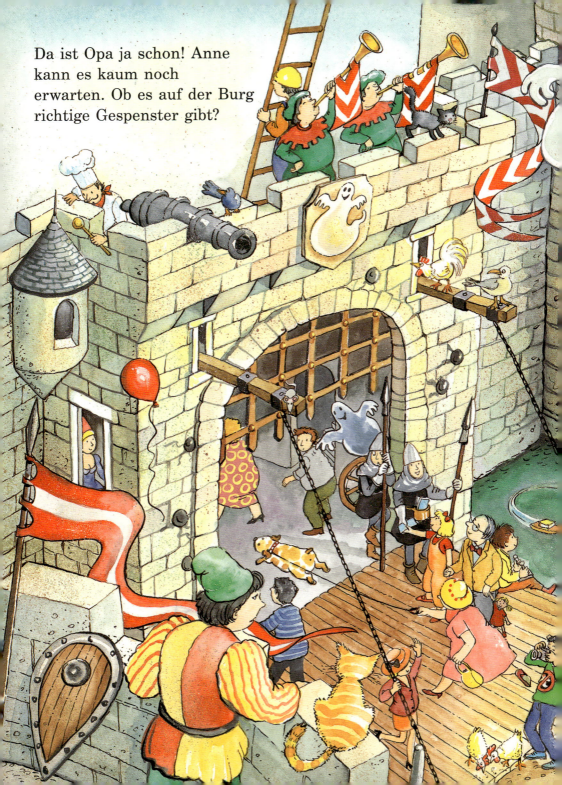
Da ist Opa ja schon! Anne kann es kaum noch erwarten. Ob es auf der Burg richtige Gespenster gibt?

Was für ein prächtiger Thronsaal! Nun hat Anne auch ein verstecktes Loch in der Wand gefunden. Na, wer hat die längere Zunge, Tim oder das Gespenst? Hat der Mann dort am Boden seine Brille verloren?

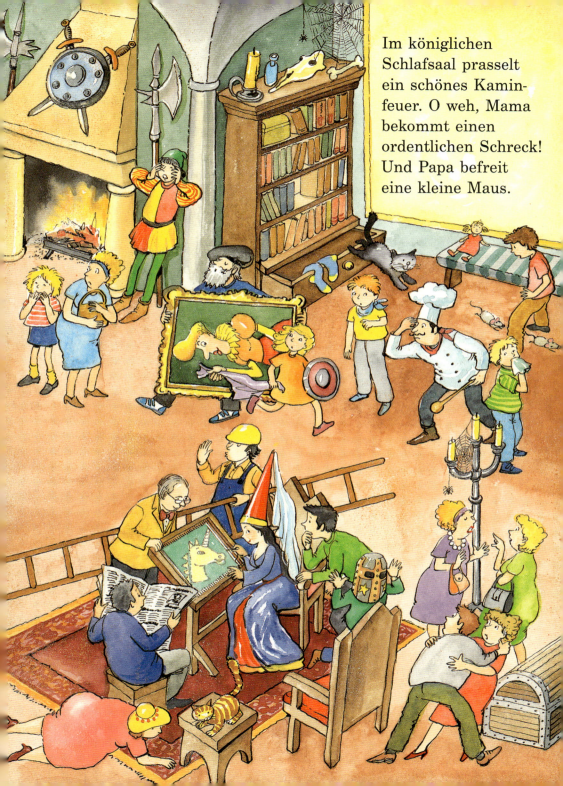

Im königlichen Schlafsaal prasselt ein schönes Kaminfeuer. O weh, Mama bekommt einen ordentlichen Schreck! Und Papa befreit eine kleine Maus.

Was für ein Trubel in der Küche! Achtung, ihr Köche! Da will euch jemand den Schinken mopsen! Opa und Papa haben schon zwei Brötchen stibitzt.

In der Rüstungskammer bereiten sich die Ritter auf das Ritterfest vor. Wo steckt denn Tim? Hoffentlich kann er sich wieder befreien. Anne ärgert einen Jungen.

Im Ballsaal wird musiziert. Anne möchte auch tanzen. Ob ihr Tanzpartner sich bewegen kann, ohne laut zu quietschen? Mama und Papa legen schon eine flotte Sohle aufs Parkett.

Schade, nun ist die Besichtigung schon zu Ende! Dafür dürfen alle mit den Rittern feiern und einen Feuer spuckenden Drachen gibt es auch! Guter Schuss, Papa! Tim hilft dem Koch beim Wasserholen.

Puh, geschafft! Auf dem Flughafen ist ganz schön viel los. Anne beobachtet einen Sicherheitsbeamten. Huch, wer hat sich denn da eine Mumie aus dem Urlaub mitgebracht?

Opa ist nach dem Flug ein bisschen müde. Er sitzt in der Hotelhalle und schaut den Hotelgästen aus der ganzen Welt zu. Mama und Anne lauschen dem kleinen Konzert.

Am Strand packt Papa gleich sein neues Surfbrett aus. Vorsicht, fast hätte er Mama von der Luftmatratze gestoßen! Nanu, wer hat denn da seine Badehose verloren?

Auf dem orientalischen Basar gibt es die erstaunlichsten Dinge zu entdecken. Mama und Anne hätten auch gern so einen fliegenden Teppich. Tim hat schon seinen ersten erfolgreichen Tauschhandel gemacht.

Herrliches Wetter für eine lustige Schifffahrt! Mit seinem Fernrohr und der Augenklappe sieht Tim aus wie ein richtiger Pirat. Mama trocknet sich ab, hoffentlich wird sie von Papas Kopfsprung nicht gleich wieder nass gespritzt.

Papa reitet stolz auf einem Esel. Mama winkt ihm zu, sie schaut sich die Theateraufführung im Amphitheater an. Anne spielt mit einem kleinen Lämmchen. Und wen kneift der Esel da?

Zum krönenden Abschluss gehen alle zusammen auf den großen Rummel. Tim ist mutig und möchte Geisterbahn fahren. Und Opa schenkt Anne einen riesigen Teddybären.

Auch im Winter haben Anne und Tim viel Spaß. Es hat geschneit und Anne saust mit Mama auf dem Schlitten den Hügel hinunter. Tim spielt Eishockey. Das war aber ein toller Schuss!

Jetzt hast du schon allerhand entdeckt. Aber auf den bunten Bildern gibt es noch viel mehr zu sehen! Findest du es?

Auf der Burg wohnt ein kleines geringeltes Kätzchen. Findest du es? Du kannst es auch noch auf einigen anderen Seiten entdecken.

Anne nimmt so oft es geht ihre Puppe mit. Schau nach, wo du sie überall entdecken kannst.

Schau dich mal genau im Kindergarten um. David hat sein Mäuschen dabei, doch es ist ihm entwischt. Hilf ihm suchen!